¿Qué estás haciendo con tu vida?

LOURDES M. TORRES

INTEGRAL
COACHING

Lourdes M. Torres

Auto Ayuda / Coaching
Programación Neurolinguística

ISBN: 978-1508996408

¿QUÉ ESTÁS HACIENDO CON TU VIDA?

Lourdes Torres

© 2015 Lourdes Torres

Integral Coaching

Primera Edición

facebook.com/pages/Lourdes-M-Torres

twitter.com/lmt_intg_coach

lmt.integralcoaching@gmail.com

Editor Ejecutivo • M. Pérez-Cotto

Edición Impresa • PublicaTuLibro.net

¿Qué estás haciendo con tu vida?

Indice

Dedicatoria 5

Nota para el lector................................7

Prólogo..11

Utsere 17

¿Quién soy?...19

Utsere 37

¿Dónde estoy? 39

Utsere 51

¿A dónde quiero llegar?.................53

Utsere 75

¿Qué me detiene? 77

Utsere 103

El poder está dentro de ti............105

Utsere 117

Tomando acción día a día............119

Utsere 129

Me reinvento día a día....................131

Utsere 141

Sobre La Autora 145

III

Lourdes M. Torres

¡Síguenos!

facebook.com/pages/Lourdes-M-Torres

twitter.com/lmt_intg_coach

DEDICATORIA

Dedico este libro a mis hijos, mi Príncipe Carlos Gabriel y mi Princesa Karla De Lourdes Vega Torres. Vivo agradecida del Creador por regalarme el don de ser madre de unos seres tan maravillosos como ellos. También vivo agradecida de ser la hija de Lourdes y Josean y como les he dicho anteriormente solo le pido una cosa al Creador: que si volviese a nacer me regale a mis hijos y a mis padres. También dedico este libro a mis hermanos: Felipe Antonio y Gladys Michelle Torres Delgado, gracias por su apoyo y por su confianza. A ti José Rivera Talavera, gracias por compartir nuestro sueño de Integral Coaching y de transformar al mundo una persona a la vez. Gracias a mi Creador por todas las bondades que ha tenido conmigo y gracias a todos esos seres maravillosos que se han constituido en mis maestros de la vida y en mis maestros formadores. Gracias a todos ustedes, soy la persona que soy hoy en día. Muchas gracias.

NOTA PARA EL LECTOR

E ste libro está escrito utilizando *Coaching* y *Programación Neurolinguística* por lo cual es necesario comprender qué son ambas ciencias.

Cuando hablamos de *Coaching* nos referimos al proceso donde el *Coach* acompaña a su *coachee* (persona que busca el servicio) a identificar dónde se encuentra o la situación que desea resolver y cómo puede resolverla a la luz de los recursos con los que cuenta en su ser. Desde esta perspectiva se honra al cliente como el experto en su vida, por lo tanto no se le dice lo que tiene que hacer, más bien se le apoya en su autodescubrimiento a través de diferentes estrategias y preguntas profundas para que pueda encontrar sus propias respuestas.

La *Programación Neurolingüística* (PNL) es el modelo que nos ayuda a trabajar con nuestras programaciones mentales. Imaginemos que nuestra mente es como una computadora la cual ha sido programada con diferentes creencias, ideas y experiencias. Algunos de estos programas nos ayudan a alcanzar lo que deseamos para nuestras vidas. Sin embargo, hay otros programas que lo que hacen es que nos detienen porque tienen un virus. La PNL ayuda a las personas a instalar nuevos y mejores programas que le ayudan a alcanzar lo que desean. Una destreza poderosa de la PNL es la visualización; es por esto que a lo largo del libro se pide que hagan algunas visualizaciones con el propósito de ayudar tus programaciones actuales, dándoles un *upgrade*.

Damos por cierto: "Que estas a cargo de tu mente y por lo tanto eres responsable de tus resultados" y desde esta perspectiva: "Todo comienza y termina contigo".

"En ocasiones establecemos metas que dependen de otras personas..."

Lourdes M. Torres

*«Podrás identificar cómo has llegado
a donde te encuentras hoy y cómo
podrás moverte a donde deseas estar.»*

PRÓLOGO

¿Q ué estás haciendo con tu vida? Es un libro fresco, fácil de leer y amigable, que tiene como propósito iniciar en ti un proceso de reflexión donde puedas llegar a conectar contigo. Y te preguntarás, ¿qué es conectar conmigo? Obviamente para estar vivo tengo que estar conectado conmigo. Conectar contigo es ese viaje profundo al interior que todos, aunque sea una vez, tenemos que hacer en la vida. Es un viaje ineludible e intransferible que te corresponde solo a ti hacer. Y, ¿de qué se trata? Se trata de descubrir en lo más profundo de tu ser la razón de tu existencia, ¿para qué vives?, ¿cuál es tu misión, tu propósito en la vida?, en fin como quieras llamarlo es el descubrir con certeza cuál es la respuesta a la pregunta.

¿Para qué vives? Luego de contestada esta pregunta tendrás un punto de partida para identificar dónde te encuentras el día de hoy y a dónde deseas llegar en relación con tu descubrimiento de la razón de tu existencia. Este viaje te remite necesariamente a la pregunta fundamental y al título de este libro: ¿ Qué estás haciendo con tu vida?

Luego que puedas sincerarte contigo sobre lo que estás haciendo con tu vida, esta vida, la única vida que tienes (sí, es la única que tienes, así que vuelve a leerlo, a escucharlo, a olerlo, a tocarlo, a saborearlo y a sentirlo con todo tu ser). ¿Qué estás haciendo con tu vida, esta vida la única vida que tú tienes? Ahora, ya en sinceridad, podrás identificar cómo has llegado a donde te encuentras hoy y cómo podrás moverte a donde deseas estar. Soy creyente de que uno no escoge los libros si no que los libros te escogen a ti. Si este libro ha entrado en contacto contigo, date la oportunidad de que te acompañe en ese viaje al interior, que todos tenemos que hacer aunque sea una vez en la vida.

Mis mejores deseos de un buen viaje de autodescubrimiento para ti.

Con mucho amor y cariño de mí, y muy especialmente para ti...

Lourdes M. Torres

"¡Es posible realizar mi sueño!

¿Qué estás haciendo con tu vida?

Utsere

"Ser víctima es responsabilizar a otros por lo que nos sucede en la vida."

UTSERE

E n una ciudad de animales vivía una oruga llamada UTSERE. Utsere era muy feliz, jugaba con sus amigas las orugas y todo en su mundo estaba muy bien. Una noche Utsere se acostó a dormir como de costumbre y tuvo un sueño. Soñó que había subido a una montaña y desde allí podía ver toda la ciudad, era una vista tan impresionante, que Utsere al despertar, comenzó a cuestionarse realmente quién era ella y cuál era la razón de su existencia. En ese proceso hablaba con sus amigas las orugas y los demás animales; estos le decían una y otra vez: "Utsere no te compliques la vida, tú eres una oruga". Sin embargo, Utsere sentía en su corazón que estaba dotada de todo lo necesario para descubrir la razón de su existencia y guiarse por ella.

Un buen día en un proceso profundo de reflexión mientras contemplaba el fluir del río, Utsere tuvo su momento satori; ese momento de alumbramiento y de descubrimiento profundo donde descubre que su misión era subir a esa montaña y desde allí realizar su gran sueño.

"El universo es bondadoso y cuando tú das también vas a recibir."

Capítulo 1

¿QUIÉN SOY?

T e has preguntado alguna vez, ¿qué sucede primero si existimos y luego somos o viceversa? Realmente mi intensión no es la de entrar en este debate, es mucho más simple o quizás un poco más compleja.

"Un ser humano dotado de todo lo necesario para ser feliz".

Va a depender de cuán dispuesto estés en iniciar este viaje a tu interior para conectar contigo y descubrir no solo quién eres sino la razón de tu existencia. Y tú dirás, ¿quién soy? ¡Obvio! Soy un ser humano. Y yo añadiría a esto: "creado por un Ser Superior para vivir intensamente y ser feliz". Decirlo es sencillo, sin embargo creértelo y caminar hacia esto es otra cosa. Y, ¿quiénes somos? Somos seres integrales; esto significa que tienes unas dimensiones en tu ser indivisibles. Tienes un área física, mental/emocional y espiritual. Como eres un ser indivisible, cada una de estas áreas tienen que estar bien y en balance para tú estar bien. Así que es bueno, primero que nada, reflexionar acerca de cómo se encuentran cada una de las áreas de tu ser.

El área física incluye y no se limita a todo lo que tiene que ver con la fisiología de tu cuerpo, tu salud y tu condición física. El área mental/emocional incluye y no se limita a tus pensamientos diarios, estados de ánimo y a tu paz mental. El área espiritual incluye y no se limita a tu relación con el Ser Superior, contigo y con tu prójimo. Te propongo, solo si consideras que es bueno para ti, tomarte un tiempo, el que estimes necesario para reflexionar acerca de cómo se encuentran estas áreas en tu vida. Retírate a un lugar tranquilo y en honestidad contigo, revisa cómo al día de hoy se encuentran cada una de las dimensiones de tu ser.

"Este es un proceso que te corresponde hacer a ti, nadie puede hacerlo por ti"

ÁREA FÍSICA

¿Qué está bien en esta área de mi vida?

_____

_____

_____

_____

¿Qué puede estar mejor en esta área de mi vida?

_____

_____

_____

_____

¿Qué puedo hacer distinto?

_____

_____

_____

_____

¿Qué estás haciendo con tu vida?

ÁREA MENTAL/EMOCIONAL

¿Qué está bien en esta área de mi vida?

_____

_____

_____

_____

¿Qué puede mejorar en esta área de mi vida?

_____

_____

_____

_____

¿Qué puedo hacer distinto?

_____

_____

_____

_____

Lourdes M. Torres

ÁREA ESPIRITUAL

¿Qué está bien en esta área de mi vida?

_____

_____

_____

_____

¿Qué puede mejorar en esta área de mi vida?

_____

_____

_____

_____

¿Qué puedo hacer distinto?

_____

_____

_____

_____

¿Qué estás haciendo con tu vida?

Cuando tu ser integral se encuentra en balance puedes sentir una sensación de bienestar extraordinaria porque todo está en armonía, tanto tu salud física, como la mental/emocional y espiritual. Dios lo ha creado todo para estar en una armonía perfecta, los que nos empeñamos en arruinarlo somos los seres humanos. Basta con observar a nuestro alrededor y podrás ver como todo es perfecto en la naturaleza, en tu cuerpo, en el mundo y lo que no está perfecto lo hemos arruinado nosotros. Y hago este señalamiento sin intención de herir sensibilidades y desde la profundidad de una reflexión seria. Quizás podemos caer en la tentación de cuestionarnos, ¿cómo nosotros podemos aportar para que las cosas sean distintas y frustrarnos en el proceso entendiendo que escapan de nuestra esfera de posibilidades? Del mismo modo, hay cosas en el mundo en las que quizás estamos limitados porque se escapan de nuestra esfera de control, sin embargo en tu vida, esta vida que es la única que tienes, tú tienes el control. Quizás digas: "yo no puedo controlar las enfermedades" y yo te digo: "puedes prevenir algunas y en otras buscar vivir con la mejor calidad de vida posible dentro de tu situación".

Imagina: Busca un lugar tranquilo para ti, cierra tus ojos y comienza a inhalar y a exhalar profundamente; conecta contigo y permite que comiencen a fluir imágenes de tu vida en el balance que tu deseas y contesta la

pregunta: ¿Cuán bueno sería para mi vida lograr este balance?

_____

_____

_____

_____

¿Qué ves cuando estás en balance?

_____

_____

_____

_____

¿Qué escuchas cuando estás en balance?

_____

_____

_____

_____

¿Qué sientes cuando estás en balance?

_____

_____

_____

_____

Después de trabajar con tu ser integral para ver, escuchar y sentir el balance en tu vida, nos llega la próxima pregunta importante para reflexionar.

¿Para qué vives?

¿Qué sucedería si vas de viaje y el piloto o el conductor no sabe para dónde va? Exactamente, va a estar de un lugar a otro porque no tiene una ruta por la cual guiarse.

Si aplicamos esto a nuestra vida, ¿qué sucedería? Lo que le sucede a muchas personas es que se percatan de que no tienen una ruta trazada en su vida y no saben hacia donde van y lo que hacen en sus vidas es improvisar, están sobreviviendo en lugar de vivir.

Entonces en esta vida, la única vida que tienes, ¿quieres vivirla improvisando o deseas, solo si es bueno para ti, apoderarte de tu vida y vivirla como desees vivirla? Siempre recordando que sea bueno para ti y bueno para todos o sea que nadie resulte afectado negativamente en el proceso. Urge identificar, ¿para qué vives? ¿cuál es la misión de tu vida? ¿qué es eso por lo cual aún cuando tú no estés te recordarán porque ha trascendido?

Ciertamente, este es un viaje que es intransferible e ineludible y te corresponde a ti, solo a ti hacerlo y este es el mejor momento para ello porque es el momento que existe, el pasado ya pasó, el futuro es incierto y el presente es tu regalo, te toca a ti abrirlo.

Para ayudarte a identificar para qué vives, te propongo un ejercicio sencillo y recuerda, solo si es bueno para ti identificar para qué vives. Te recomiendo que vayas a un lugar tranquilo y si es posible pongas alguna música suave o aquella música que te ayuda a relajarte. Comienza a inhalar y a exhalar suavemente y profundamente, continua inhalando y exhalando profunda y muy consciente de tu respiración. Continua respirando profundamente y fija tu vista en algún lugar. Cuando te sientas completamente relajado(a), obsérvate como una persona que tiene todos los recursos necesarios para hacer en su vida todo lo que desea.

Tienes todo el dinero necesario, toda la salud necesaria y todas las posibilidades para convertirte en la persona que deseas ser y que puede hacer todo lo que desea hacer. Quizás decidas irte a viajar el mundo, ir de compras y comprar todas esas cosas que en algún momento has querido comprar y no has podido por falta de dinero. Ya has logrado lo que siempre has deseado y ahora es momento de regresar al día a día de la vida. Ya estás listo(a) para descubrir qué es eso a lo que puedes dedicar tu vida sin recibir ninguna remuneración económica. Permite que fluya y surja en este momento, eso a lo que tú dedicarías tu vida, tu legado.

Obsérvate llevando a cabo eso que has descubierto, escucha lo que escuchas en ese momento, obsérvate detenidamente y siente todas esas emociones en tu ser, regocíjate de estar construyendo tu legado.

Ahora visualiza lo diferente que será tu vida de hoy en adelante, ya que has descubierto la respuesta a la pregunta ¿Para qué vives? Eso es excelente, lo has hecho muy bien.

¡Te felicito!

"El procrastinar es una conducta auto saboteadora."

¿Qué estás haciendo con tu vida?

~~~

He descubierto hoy ___ de _____ de _____ que la misión de mi vida es:

_____

_____

_____

_____

_____

Excelente, has descubierto cuál es tu norte, tu mapa a seguir en este camino de la vida que día a día estás caminando y, que cuando miras atrás ya no has de caminar nuevamente, por esto es importante poder caminar de manera consciente y con un alto sentido de propósito. Recuerda que aún cuando ya no estés en este mundo, te sobrevivirá tu legado.

Entonces, ¿cómo quieres que te recuerden cuando ya no estés?

Finalmente: **¿Para qué vives?**

Para descubrir cuál es la misión de tu vida, guiarte por ella y vivir para que se haga realidad tu razón de ser.

"Cada cual percibe la vida y la realidad de acuerdo con su modelo de mundo.."

Utsere

"... se esfuerza en continuar conectando
con lo más profundo de su ser."

"*Haz algo diariamente para ir construyendo tus deseos.*"

UTSERE

Utsere luego de descubrir la misión de su vida, comenzó a observar para saber dónde se encontraba y comprendió que muy lejos de aquella montaña....

Tenía mucho miedo de decirle a su familia, a sus amigos lo que había descubierto con relación a su sueño. Utsere comienza un proceso de reflexión profundo camino a conectar con ella. En su mente constantemente resuena: "Este es un proceso que te corresponde hacer a ti, nadie puede hacerlo por ti". Así que aunque doloroso el proceso, Utsere se esfuerza en continuar conectando con lo más profundo de su ser. Su esfuerzo tiene su recompensa y se hace consciente de que ella aún puede moverse y llegar a aquella

montaña. Y gozosa de felicidad exclama:

¡Es posible realizar mi sueño!

"Haz lo que tienes que hacer
y si no funciona
hazlo de manera distinta."

Capítulo 2

¿DÓNDE ESTOY?

Querido lector, realmente no se dónde te encuentras hoy, sin embargo, si me lo permites, puedo continuar acompañándote en este viaje de autodescubrimiento que has emprendido.

"Estoy completo, pero no acabado. Estoy en un proceso de autorreflexión constante para identificar si estoy haciendo lo necesario para alcanzar la misión de mi vida."

Ya has descubierto para qué vives; ahora el próximo paso es reconocer dónde te encuentras el día de hoy con relación a la misión de tu vida. Es importante puntualizar, que donde te encuentras el día de hoy es tu responsabilidad, y hago esta distinción porque esta reflexión podría llevarte a entrar en la danza de las víctimas. ¿Qué es ser víctima? Ser víctima es responsabilizar a otros por lo que nos sucede en la vida. Asumir el papel de víctima tiene una ganancia y es que no asumes la responsabilidad por tu vida. Es entonces cuando podría suceder, que estás viviendo en el pasado, recordando y culpando a tus padres, a tu familia, a tu pareja o a cualquier persona que haya estado en tu vida por algún evento que haya ocurrido. "Estoy así porque mis padres me maltrataban, se divorciaron, me dejaron...". Cada cual podría tener sus razones si decide ver la vida desde la víctima... Recuerda desde la víctima no asumimos responsabilidad de nuestra vida, por lo tanto, los demás manejan nuestra vida. Y entonces la gran pregunta es: ¿Tú quieres estar en control de tu vida o prefieres que otros controlen tu única vida?

Es importante reconocer y validar que en nuestras vidas han ocurrido eventos que nos han marcado de alguna u otra forma, sin embargo te invito a que puedas retomar estos eventos y extraer lo mejor de ellos y lo no tan bueno dejarlo ir. Recuerda que gracias a lo que has vivido, te has convertido en la persona que eres hoy. Lo que nos lleva a concluir que la realidad es la percepción, lo cual va a ser resultado de lo que tú elijas enfocarte.

Después de todo el pasado es el pasado, lo

importante es en lo que decides convertirte en tu presente y eso solo depende de ti. Si cargas un saco de papas por mucho tiempo estas van a comenzar a oler mal, esto pasa cuando andas con las maletas de tu vida llenas de papas podridas (ese pasado que aún cuando recuerdas te duele). Es importante que puedas sacar esas papas podridas de tu presente y las puedas dejar en el pasado. Este es un paso importantísimo en tu vida, así que te invito a entrar dentro de ti y buscar todas esas experiencias que te han dolido tanto y, puedas comenzar el proceso de cerrar estos capítulos en tu vida hoy.

Solo si es bueno para ti, puedes elegir algún lugar donde puedas estar tranquilo(a) y comenzar a respirar profundamente y, cuando te sientas totalmente relajado(a) comienza a conectar con esos capítulos de tu vida que todavía hoy te duelen y haz un ejercicio de desprenderte simbólicamente de todo ese pasado. Puedes escribirlo en un papel y luego romperlo o quemarlo. Además, puedes tener una conversación con esa persona, escribirle una carta y enviársela; utiliza tu creatividad, lo importante es que tengas la disposición de hacerlo. *¡Nada se mueve hasta que tú lo decidas!*, así que comienza con la disposición para esto. Quizás en el proceso para lograr desprenderte, se requiera de ti … que perdones. Y, ¿qué es el perdón? Sinceramente disculpar a aquellos que nos han dañado e inclusive, también perdonarnos a nosotros mismos porque en ocasiones cuando miramos al pasado comenzamos a castigarnos por lo que hicimos o por lo que debimos haber hecho distinto. Ahora te pido que dejes de ser tan injusto contigo porque tú hiciste lo que tenías que hacer en el momento en que lo hiciste, ya que en ese momento entendías que era lo mejor. ***Toda persona hace lo que entiende que es lo mejor con los recursos que cuenta y, si tuviese otros recursos con los cuales las cosas pudieran salir mejor, entonces utilizaría estos recursos para hacerlas.***

"Gracias a lo que has vivido, te has convertido en la persona que eres hoy."

Hoy ____ de _____de ____ he decidido iniciar mi proceso de sanación desprendiéndome y cerrando todo lo que me ha dolido en el pasado. Con este acto de liberación podré entonces reconocer dónde estoy.

Recuerda: *"La realidad es la percepción y la percepción va a ser el resultado de tu foco de atención"*. Así que si eliges enfocarte en la escasez, esta abundará en tu vida y si eliges enfocarte en la abundancia, esta también estará presente en tu vida.

Reflexiona. Escribe en honestidad, cómo se encuentran cada una de las áreas de tu vida. Asígnale un número entre el 1 y el 10, siendo el 1 de menor valor representando que esta área puede mejorar y 10 representando la excelencia.

❦

Física _____

Emocional _____

Espiritual _____

Económica _____

Familiar _____

Profesional _____

Académica _____

Persona _____

Esposo(a)/Pareja _____

Madre/Padre _____

¿Qué estás haciendo con tu vida?

Diversión _____

Otra _____

En sinceridad contigo, ¿has estado viviendo para hacer realidad la misión de tu vida?

_____

_____

_____

_____

Excelente, vamos muy bien en este proceso de conectar contigo.

Cuando tienes una quemadura, hay que limpiarla para que pueda sanar, ese proceso es doloroso. Así es este proceso de conectar contigo, puede ser un poco doloroso porque estás limpiando heridas, sin embargo, cuando sana totalmente experimentas bienestar, este mismo bienestar comenzarás a sentir en tu vida.

El pasado es el pasado, lo que importa es en lo que tú decidas convertirte en tu presente.

"Conecta con esos capítulos de tu vida que todavía hoy te duelen."

Utsere

"...ya había decidido que llegaría a aquella montaña."

Lourdes M. Torres

"...puede ser un poco doloroso porque estás limpiando heridas."

UTSERE

Utsere ya había decidido que llegaría a aquella montaña y que allí vería su sueño hacerse realidad. Le comunica esta decisión a su padre Ogima y a su madre Agima. Estos no estuvieron de acuerdo con Utsere, pero aún así le dijeron que la apoyarían. Para ella era muy importante la opinión de su familia y amigos, sin embargo este descubrimiento de realizar la misión de su vida era tan poderoso, que ya para nada importaba lo que pensaran los demás.

Ella estaba clara y ya había establecido dónde estaba y a dónde quería llegar, que esto era posible porque dependía de ella y que su decisión no afectaba a nadie de manera negativa. Así que el próximo paso era identificar las conductas necesarias para alcanzar su meta.

"Una meta es un sueño al cual le pones una fecha para alcanzarlo."

Capítulo 3

¿A DÓNDE QUIERO LLEGAR?

¡Felicidades! ya has identificado dónde te encuentras, me imagino que estás experimentando esta única sensación de claridad en tu vida. ¡Disfrútala! Es esta la claridad necesaria para comenzar a trabajar con la próxima pregunta obligada, la cual es:

¿A dónde quiero llegar?

La diferencia entre un sueño y una meta es que la meta tiene fecha para ser alcanzada.

Recuerda que es importante vivir en lugar de sobrevivir. Comenzamos a sobrevivir, cuando en el caminar por la vida no hay establecido un rumbo hacia donde ir y comenzamos a improvisar. Es en el improvisar diario donde no hay establecidas metas que

Lourdes M. Torres

alcanzar ni procesos de superación establecidos. En sinceridad y honestidad contigo, hasta el día de hoy ¿has estado viviendo o sobreviviendo?

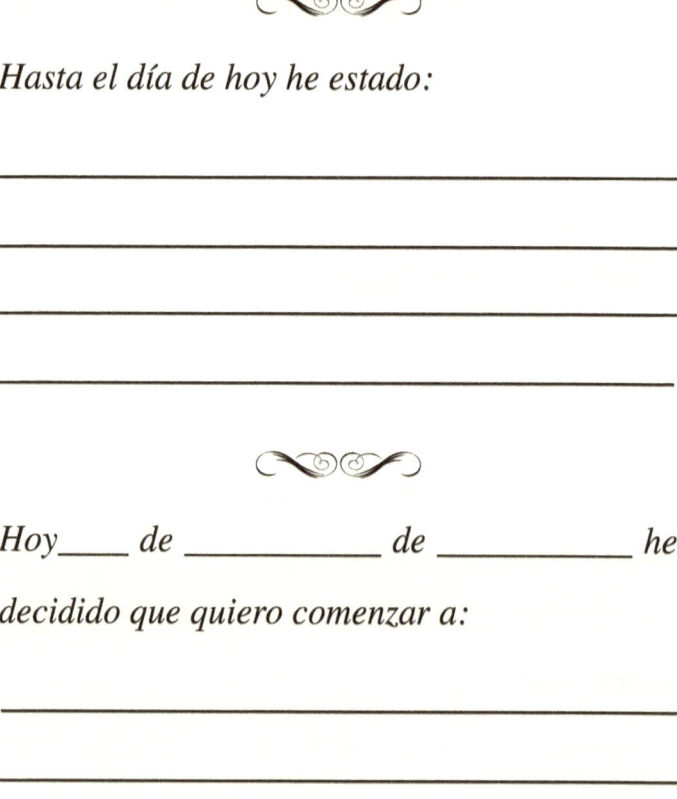

Hasta el día de hoy he estado:

_____

_____

_____

_____

Hoy____ de _____ de _____ he decidido que quiero comenzar a:

_____

_____

¿Qué estás haciendo con tu vida?

_____

_____

Así que si has decidido continuar viviendo o comenzar a vivir, vamos a hablar entonces de cómo se requiere que tú seas para lograr esto. Se requiere de ti que comiences a definir hacia dónde quieres llegar y para esto es importante el proceso de establecer metas.

¿Qué es una meta? Una meta es un sueño al cual le pones una fecha para alcanzarlo. Es eso que tú deseas lograr en algún contexto de tu vida. Podemos tener varias metas a la vez, ya sean personales, familiares, profesionales, de pareja etcétera.

Cuando estableces metas en tu vida, sabes específicamente hacia dónde vas y esto te ayuda a evaluar las posibilidades y a determinar cuáles coinciden con tus metas. También comienzas a asumir el control de tu vida. Recuerda esta es tu vida, la única que tienes y tienes el privilegio, la libertad y el potencial ilimitado para hacer de ella una obra maestra, solo y solo si tú lo decides. ¡De ti depende! Y es maravilloso saber que depende de ti, que para nada tienes que esperar por nadie, que tú y solo tú estás en control. Recuerda*: "Nada se mueve hasta que tu lo decidas".* ¡Decídete, este es tu momento es el único que tienes y se llama presente!

Y te preguntarás, ¿por qué algunos no establecemos metas? En ocasiones no hemos aceptado la responsabilidad personal de nuestras vidas. Lamentablemente a veces es más cómodo el atribuir la responsabilidad de mis situaciones a otras personas o a mi entorno en lugar de aceptar mi responsabilidad y ejercer la voluntad de hacer lo que deseo hacer, aunque esto signifique en el proceso... sacrificios. También tememos a ser criticados. Muchos de nosotros hemos sufrido por críticas de personas significativas en nuestras vidas, que en muchas ocasiones por nuestro bien y por temor a que fracasemos, nos han desalentado de hacer cosas. Sin embargo, ahora tú estás en control de tu vida y puedes decidir qué metas son buenas para ti y cuáles no. Es tu decisión porque después de todo es tu vida y tú decides y te responsabilizas por ella.

A veces no sabemos cómo establecer metas, no nos damos cuenta de la importancia de las mismas o estamos constantemente interactuando con personas, las cuales no tienen metas establecidas, así que tampoco tenemos un modelo de cómo hacerlo para poder comprobar que establecer metas es bueno para nosotros, porque lo ha sido para otras personas.

Tengo una amiga que dice que ella se une a personas que miran para el cielo y que evita unirse con personas que están mirando todo el tiempo para el suelo. Al escucharla, confieso que sonó fuerte a mis oídos, sin embargo luego de analizarlo comprendí que hace mucho sentido su modelo de elegir... Si a tu alrededor no tienes modelos de personas que se trazan metas y las cumplen, comienza a identificar personas que si lo hacen para que su ejemplo te apoye en el proceso, te valide que vale la pena hacerlo y que obtendrás resultados positivos.

También puede suceder que hayamos tenido éxito muy temprano en la vida y olvidemos que para continuar teniéndolo es necesario tener la siguiente mentalidad: **"estoy completo, sin embargo no acabado"**. Esto quiere decir que aunque ya hemos alcanzado metas en nuestra vida y somos todo lo que hemos querido ser, mientras hay vida podemos continuar creciendo, transformándonos y alcanzando nuevas metas.

En otras ocasiones, no establecemos metas por temor al fracaso, porque tememos al que dirán los demás. Sin embargo, cuando comenzamos a experimentar la creencia: *"El fracaso no existe solo existen resultados"*, todo puede ser diferente. Piénsalo bien, realmente cuando haces algo y no te sale, lo que recibes es una retroalimentación que te deja saber que en la manera en que lo estás haciendo no lo vas a alcanzar o sea has aprendido una manera en que no lo lograrás.

Ahora lo que puedes hacer es hacerlo de otra forma diferente, porque si continuamos haciendo las cosas de la misma forma, vamos a continuar teniendo los mismos resultados. Aunque parezca mentira hay personas que tienen temor a ser exitosas y a veces piensan que está mal o es pecaminoso tener deseos de superarse. Quizás conozcas a alguna persona que tiende a disculparse por sus éxitos. Otros tienen miedo de que si tienen éxito, sentirán la presión para repetir su éxito.

Entonces, ¿cómo establecer metas? Es importante que las metas sean estructuradas de forma *específica.* Estableciendo lo que deseo alcanzar de forma clara, positiva y específica, muchas veces sabemos lo que no queremos, por ejemplo: "no quiero estar gorda". Lo que realmente quieres es estar delgada. También deben ser metas que sean *medibles* o sea que tú puedas identificar que lo estás logrando. Es importante establecer las señales en el camino que te van a permitir saber si te estás acercando a tus metas o si te estás alejando. Así se hacen los ajustes necesarios en el camino para el logro de la misma. En el caso de que desees estar delgada y te has establecido una meta de adelgazar 20 libras en 4 meses, entonces podrías identificar que mensualmente debes perder 5 libras y esto te va a dejar saber que lo estás logrando; y si no lo estás logrando porque solo estás perdiendo dos libras entonces tienes la posibilidad de hacer los ajustes necesarios para que lo puedas lograr. Es importante que las metas sean *alcanzables* o sea que se puedan realizar. En este ejemplo es posible perder 5 libras mensuales pues entonces es alcanzable. Es esencial que durante el proceso estés consciente que el alcanzar la meta depende totalmente de ti, que es tu **responsabilidad,** ya que cuentas contigo mismo para el logro de esta.

En ocasiones establecemos metas que dependen de otras personas para alcanzarlas. Un ejemplo podría ser: "Yo quiero que mi esposo cambie su forma de ser". Esta seria una meta para ser cumplida por tu esposo. En este momento se trata de ti, que puedas establecer metas y que, por consiguiente, dependen única y exclusivamente de ti para alcanzarlas. En el ejemplo de adelgazar esta meta depende de ti.

Y por último, es importante que establezcas el *tiempo* del cual dispones para alcanzarla. Esto nos ayuda a trabajar con urgencia para alcanzar lo que deseamos. Como vimos en el ejemplo se estableció un tiempo.

Te propongo un ejercicio poderosísimo para trabajar con este proceso de establecer metas. Ya has descubierto una meta poderosa que es la de vivir desde la misión de tu vida. Que te parece si comienzas a trabajar con ella desde este ejercicio.

Tómate el tiempo para pensar y conectar contigo y contesta las siguientes preguntas:

"Es importante que las metas sean estructuradas de forma específica."

1. ¿Qué deseo alcanzar? Recuerda escribe lo que quieres, no lo que no quieres, así que claro, específico y en positivo.

_____

_____

_____

2. ¿De quién depende alcanzar esta meta? Recuerda que la contestación tiene que ser de ti, para que sea posible.

_____

_____

_____

3. ¿ Cuán bueno es para ti alcanzar esta meta, alcanzando esta meta le harías daño a alguien ? Esto se llama Cotejar la Ecología de la Meta. Debes contestar en honestidad qué es bueno para ti, para tu familia y para el prójimo.

_____

_____

_____

_____

4. ¿Cómo se requiere que tú seas para lograrlo? ¿Qué estás dispuesto a hacer para lograrlo? Esta es la parte en donde identificas las conductas y actitudes necesarias para alcanzar tus metas.

_____

_____

_____

_____

Es bueno que una vez identifiques esos comportamientos necesarios para alcanzar tu meta, puedas entonces establecer en dónde te encuentras hoy en cada una de ellas. Para esto, completa la rueda de la vida que te presento a continuación.

Imagina que la rueda de la vida es una pizza, en cada borde de cada pedazo de pizza escribe un comportamiento necesario para alcanzar tu meta. Luego establece tu nivel de satisfacción, es decir, cuánto de ese comportamiento estas llevando a cabo en tu vida. Identifica con un 10 *muy satisfecho* y con un 1 *nada satisfecho*. Luego si deseas puedes trazar una línea entre cada número elegido para tener una referencia visual de cuán redonda está su rueda de la vida. A modo de metáfora, el balance, la armonía y el bienestar se alcanzan con una rueda definida de 360 grados.

"Si continuamos haciendo las cosas de la misma forma, vamos a continuar teniendo los mismos resultados."

La Rueda

de la Vida

Lourdes M. Torres

Contexto: _____

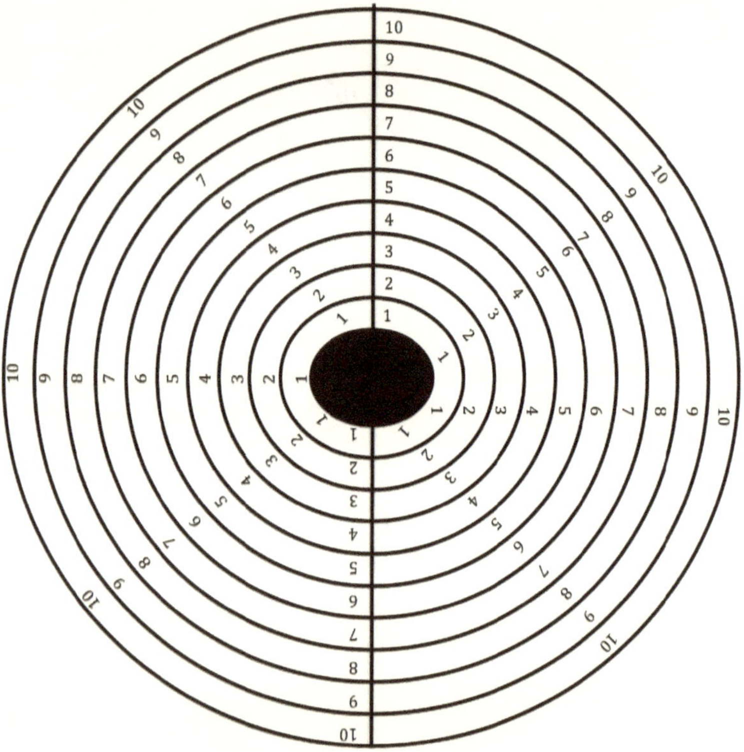

¿Qué estás haciendo con tu vida?

Escribe aquí los pensamientos y afirmaciones positivas y poderosas que te van a acompañar en el camino hacia el logro de esta meta. Algo así: "yo puedo", "yo voy a mí" etc.

_____

_____

_____

_____

_____

_____

¡Felicidades!, vamos en buen camino, ya estamos estableciendo nuevas metas. Recuerda: ***"Estamos completos, pero no acabados, esto se acaba solo cuando se acaba",*** así que meta alcanzada una nueva meta por alcanzar.

"Ahora tú estás en control de tu vida y puedes elegir qué metas son buenas para ti."

Utsere

"Decidió que va a moverse
a alcanzar su sueño

Lourdes M. Torres

"Cuando encuentres un charco, eso
parecerá un río, una piedra una
montaña y un tronco de un árbol
una pared "

UTSERE

Ya Utsere decidió que va a moverse a alcanzar su sueño y comienza a compartir con sus amistades su plan para lograrlo. Su amigo el escarabajo comienza a decirle que esto es imposible que ni el con unas patas tan largas intentaría tal hazaña. "Cuando encuentres un charco, eso parecerá un río, una piedra una montaña y un tronco de un árbol una pared".

Aunque a su mente se asomaban muchas dudas Utsere decidió confiar en ella y emprendió su viaje. En este proceso comenzó a examinar sus creencias, hábitos y posturas ante la vida. Encontró que algunas de estas creencias, como por ejemplo: "Yo soy un simple gusano, no lo lograré", si las daba por

ciertas la detendrían durante el viaje así que

comenzó a dar por cierto...

"Las diferentes personas que se relacionaban contigo comenzaron a emitir sus opiniones."

Capítulo 4

¿QUÉ ME DETIENE?

E n el capítulo anterior estuvimos trabajando para que pudieras identificar las metas que guían tu vida. Ahora te invito a reflexionar para que puedas descubrir que es eso que te detiene aunque deseas moverte y alcanzar nuevas metas en tu vida.

"Observa cómo actúas y sabrás en qué crees."

Cuando naciste no conocías nada, no sabías hablar, ni leer, ni escribir, en fin, no sabías nada. Así que tu familia te cuidó y según creciste te fueron enseñando a cómo comportarte, que se esperaba de ti por ser niña o por ser niño, es decir, te criaron. En ese proceso de socialización o de crianza te enseñaron todo lo que sabían y entendían que era lo mejor para ti.

Tanto tu familia como las diferentes personas que se relacionaban contigo comenzaron a emitir sus opiniones sobre ti y sobre como debías hacer las cosas. Y en ese proceso comenzaste a aceptar sus opiniones como ciertas y te fuiste programando como se programa una computadora. Todas esas opiniones y consejos de cómo hacer las cosas una vez las aceptaste como ciertas se insertaron en tu mente como creencias. Y, ¿qué es una creencia? Es aquello que tú has aceptado como cierto y de acuerdo con eso que das por cierto, actúas. Por ejemplo, si tú crees en el matrimonio, te vas a casar, si crees en la convivencia entonces cuando encuentres el amor vas a convivir.

Estas creencias en tu vida pueden ser creencias positivas y potenciadoras o pueden ser negativas y limitantes. Las creencias potenciadoras son aquellas que te impulsan de manera positiva a lograr tus sueños porque se enfocan en ese poder que habita en todo tu ser. "Yo puedo" y " yo voy a mí", son ejemplos de creencias potenciadoras.

Las creencias limitantes son aquellas que insertan la negatividad en tu vida haciendo que te enfoques en la escasez en lugar de enfocarte en la abundancia. "Yo no puedo" y "Está difícil" son ejemplos de estas creencias que te impiden alcanzar lo que deseas en tu vida.

¡Cuidado! Has aceptado una serie de creencias quizás en un momento de tu vida en que no tenías todos los elementos de juicio para evaluar si eran buenas o no tan buenas para ti, pero ahora tienes la posibilidad de evaluar cuáles de estas creencias son buenas para ti y cuáles no te apoyan en este tiempo. Realmente esta es una buena reflexión, ya que es importante conocer los recursos poderosos con los que cuentas el día de hoy. En este proceso de reflexión hay que ser cuidadoso porque podrías caer en la tentación de comenzar a culpar a esas personas que estuvieron presentes en tu proceso de crianza. Este no es momento para eso, además ellos hicieron lo mejor que pudieron. Si hubiesen tenido otras y mejores creencias que enseñarte lo hacían. Ellos hicieron lo que podían con lo que tenían. Así que enfócate en evaluar al día de hoy cuáles son tus creencias, cuáles conservas y cuáles debes considerar superar porque no te apoyan. Te propongo el siguiente ejercicio:

"Yo puedo" y "yo voy a mí", son ejemplos de creencias potenciadoras."

Lourdes M. Torres

Evaluando mis creencias.

¿Cuáles son mis creencias sobre mí?

_____

_____

_____

_____

_____

¿Cuáles son mis creencias sobre la vida?

_____

_____

_____

_____

¿Cuáles son mis creencias sobre otras personas:

mi pareja, mis hijos, mi familia y mis amistades?

¿Qué estás haciendo con tu vida?

_____

_____

_____

_____

En fin puedes evaluar tus creencias sobre lo que tú desees en tu vida como por ejemplo: sobre el trabajo, los estudios, las relaciones de pareja, el matrimonio y tu rol en la sociedad... es tu vida, tú sabes las creencias que la guían. Luego de este proceso, puede ser que descubras que hay algunas creencias que te han estado limitando y que hoy deseas soltar. Podrías tener la sensación de que estás perdiendo algo y es que las creencias las tenemos como posesiones personales y no nos gusta perder nuestras posesiones. Así que hablemos de superar creencias porque después de todo, estas creencias que no te han apoyado las puedes guardar en algún sitio para que te recuerden que en su momento para nada te apoyaron. Así evitarás la tentación de retomarlas porque ya has experimentado que no funcionan.

No solo las creencias nos pueden detener sino también nuestras posturas vitales. ¿Qué son posturas vitales? Son formas de relacionarnos con los otros. Si yo tengo una paleta puedo quererla toda para mí y no compartirla con nadie (ganar-perder) o también puedo dársela a otra persona completa y quedarme sin nada, (perder-ganar). Otra forma podría ser, ni para ti ni para mí, la botamos (perder-perder), y la otra postura sería, toma la mitad de la paleta y yo me quedo con la otra mitad (ganar-ganar). La postura ganar –perder es la postura típica de las competencias deportivas en donde hay dos equipos y uno por obligación tiene que ganar y por consiguiente el otro tiene que perder. Lo lamentable es cuando esta postura se lleva a la vida y para sentir que he ganado, otro u otros tienen que perder. Por ejemplo, en las relaciones de padres e hijos, el padre o la madre quieren mantener la posición de autoridad, así que las cosas son como mamá o papá digan y el hijo tiene que acomodarse a esto aunque tenga la razón.

La postura perder- ganar es donde se

muestra los comportamientos tipo "pásame el rolo". Por ejemplo: "Sí, como tú digas mi amor", aunque uno no esté de acuerdo; es una especie de sometimiento donde cedes tu poder ante el otro. Es entonces, que puede llegar un momento donde uno se canse de este proceso y al final quiera reclamar su espacio, pero de mala manera. La postura más tóxica a mi entender es perder-perder donde ni tu ni yo ganamos, no es para ti ni tampoco es para mí. En esta postura todos perdemos. Ejemplo de esta postura: "Si no eres mía no eres de nadie".

Sería bueno que en honestidad contigo, reflexionaras en qué contextos o relaciones asumes alguna de estas posturas y veas, escuches y sientas con todo tu ser, si realmente te funcionan y si son buenas para ti, para el otro y para todos. Entonces, ¿cuál sería la postura más saludable para todos? La postura ganar-ganar, donde nos encontramos a mitad de camino y cada cual pone un poquito de su parte. ¿Recuerdas la paleta? Tú tienes la mitad y yo me quedo con la otra mitad. Este ganar-ganar requiere más que nada, la capacidad de trascendencia, salir de mi comodidad para compartirla con el otro. Sin embargo, el universo es bondadoso y cuando tú das también vas a recibir. Cuando una persona te hace un bien te sientes en la obligación de reciprocar ese bien. Así que buenas acciones provocan buenas acciones y acciones negativas provocarán lo mismo en respuesta. Considera en tu vida momentos donde has vivido desde esta postura, recuerda los resultados, siente cómo te sentiste en ese momento, escucha lo que escuchabas en ese momento y observa lo que observabas en ese momento.

¿Cómo te sientes? Estoy segura que bien, por tanto, imagínate el poder que te da el vivir desde esta postura ganar-ganar. ¿Cuán distinta será tu vida viviendo desde la postura ganar-ganar?

Otra postura que vale la pena examinar es la postura "yo bien –tú bien". Cada uno de nosotros tenemos lo que se llama nuestro modelo de mundo o filosofía de vida, esto se refiere a nuestras creencias, pensamientos, valores y formas de ver, sentir y escuchar la vida, las personas, los eventos etc. Es por esta razón, que ante un mismo evento cada uno puede percibirlo de una manera diferente. Esto para nada significa que haya alguien que esté correcto o incorrecto, lo que significa es "tú bien-yo bien", porque cada cual percibe la vida y la realidad de acuerdo con su modelo de mundo. Por esto se dice que existen tres verdades; tu verdad, mi verdad y lo que en realidad ocurrió.

¿Qué sucede cuando alguien te dice lo que tienes que hacer?

Cuando queremos que la otra persona cambie su forma de ver, escuchar y sentir las cosas, estamos invirtiendo mucha energía en el proceso y recuerda "nadie cambia a nadie, para que las cosas cambien yo tengo que cambiar primero". Te invito a que practiques la postura "yo bien y tú bien", yo respeto tu forma de ver al mundo y tú respetas la mía, después de todo *"La realidad es la percepción"*. La percepción varía de persona a persona por esto somos seres "uno"... únicos, irrepetibles y en libertad".

¿Qué otras cosas nos pueden detener? Las conductas de autosabotaje. Y, ¿qué es una conducta de autosabotaje? Es toda aquella conducta que tú sabes que te limita, que interfiere en alcanzar lo que tú deseas y aún así continuas llevándola a cabo. Por ejemplo, estoy buscando trabajo y tengo que comunicarme con una persona que me va a ofrecer información importante para una entrevista a la que voy a asistir. Entonces decido llamarla después, lo olvido y decido llamarla mañana, o sea, comienzo a procrastinar. El procrastinar es una conducta auto saboteadora, es dejar para mañana lo que tienes que hacer, lo cual te lleva a correr el riesgo de olvidarlo o de no lograr lo que deseas.

Procrastinar puede ser una conducta habitual en nuestras vidas... Otra manera de considerar las conductas de autosabotaje, es examinando nuestros hábitos porque los hábitos negativos son conductas de autosabotaje. ¿Qué es un hábito? Una conducta o una acción que llevas a cabo de manera automática o sea que no tienes ni que pensar para llevarla a cabo. Hay hábitos positivos como por ejemplo, levantarte e inmediatamente cepillarte los dientes y también hay hábitos negativos como por ejemplo, tomarte un café fumándote un cigarillo, lo cual dicen los fumadores que es muy placentero, sin embargo es un hábito que te va destruyendo por el daño que ocasiona el cigarrillo. Por lo tanto, hay hábitos que te pueden destruir y hay otros hábitos que te pueden construir, esos que te destruyen obviamente te detienen y no te apoyan para llegar adonde deseas llegar.

¿Cómo podemos manejar de manera adecuada este asunto de nuestros hábitos? Sencillo, reconociendo cuáles son nuestros hábitos, no hay de otra, debemos reflexionar y descubrir esas conductas que están en automático para que podamos manejarlas a ellas en lugar de que ellas manejen nuestras vidas y nos limiten en el proceso.

¡Recuerda que esta es la única vida que tienes!

"Hay hábitos que destruyen y hay hábitos que construyen."

Te propongo la siguiente reflexión:

IDENTIFICA:

Hábitos que te construyen…	Hábitos que te destruyen…

"Mira tus hábitos con honestidad."

Ya identificados tus hábitos, creencias y posturas vitales, te corresponde si tú lo deseas y lo decides, iniciar el proceso de trabajar para superar aquellos que te detienen y fortalecer aquellos que te potencian. Y, ¿cómo puedes hacer esto? Primero que nada, voy a compartir contigo el proceso mediante el cual nosotros los seres humanos aprendemos. Este consta de cuatro etapas, la primera etapa es la del desconocimiento total, aquí yo no sé que no sé, pues ni siquiera sé que existe. Un ejemplo sería, cuando eras pequeño no sabías escribir y hubo un tiempo donde ni sabías que existía la escritura. En este momento estabas en la primera etapa del proceso "inconsciente-incompetente", no sé que existe por lo tanto, no sé cómo hacerlo funcionar. En la segunda etapa, ya conoces que existe la escritura, pero no sabes como escribir, o sea que estás en la etapa "consciente- incompetente" donde sé que existe, pero no sé como hacerlo funcionar.

Luego inicio la escuela y los maestros me enseñan a escribir y ahora estoy en la etapa "consciente-competente"; sé lo que es escribir y sé escribir. En esta etapa se requiere mucha práctica, para que el proceso se convierta en parte de tu vida y lo hagas de forma natural sin tener que pensarlo, porque ya es un proceso en automático. Esta es la etapa que requiere más paciencia porque hay que practicar para que se cree este hábito, si la persona no lo practica entonces no se convierte en conducta automática. La etapa final es cuando ya es una conducta automática que no tienes que pensar para hacerlo y entonces decimos que ya estas en la etapa "inconsciente-competente". En esta etapa, ya sabes hacerlo, está grabado en tu cerebro y es una conducta automática, no tienes que pensar para hacerlo.

Este mismo proceso aplica a la creación de nuevos hábitos. Para ilustrarlo un poco más; supongamos que deseas crear el hábito de hacer ejercicio todos los días. Ya conoces qué es hacer ejercicio y cómo hacerlos, así que ya estás en la etapa consciente-competente. Recuerda que en esta etapa es importante que hagas ejercicios como estableciste que iba a ser tu plan y hacerlo de la misma forma todos los días para que así se convierta en un hábito. Es bien importante ser disciplinado en esta etapa y hacerlo una y otra vez hasta que resulte correctamente. En esta etapa es donde algunas personas se detienen y abandonan el proceso.

Te sugiero que para nada formes parte de esa lista y por el contrario, te mantengas firme en tu propósito hasta que lo logres. Recuerda que una de las ventajas de los hábitos es que ya no te tienes que esforzar tanto en ejercer la voluntad para hacerlo, porque ya lo haces en automático sin tener que obligarte o pensarlo mucho. Ya sabes cómo crear nuevos hábitos en tu vida, lánzate e identifica cuáles hábitos deseas añadir hoy a la única vida que tú tienes.

De hecho, si quieres superar un hábito que te destruye, es bueno que identifiques la conducta o hábito positivo para sustituir este en caso de que esto sea posible y entonces llevas a cabo el proceso antes explicado. Si es el proceso para dejar de hacer una conducta habitual la cual no tiene sustitución, entonces el proceso es el de desarrollar el hábito para ejercer la voluntad bien conscientemente de hacer lo que sabes que es mejor para ti. Obviamente esto va a requerir un esfuerzo, ya que vas a realizar conscientemente una conducta distinta a la que has estado realizando en automático, así que tienes que salir de la zona cómoda. Esto va a significar un costo-ganancia, vas a invertir un esfuerzo quizás privándote de algo que era gratificante, aunque dañino, para obtener en respuesta a tu esfuerzo una ganancia.

La gran pregunta es: ¿Vale la pena este esfuerzo de mi parte para poder recuperar y obtener lo que deseo en mi vida, en la única vida que tengo?

*"Tú estás en control de tus hábitos,
ordenas y ellos obedecen, solo y solo si
así lo decides. Lo contrario es que ellos estén
en control y tú seas quien obedece".*

Utsere

"...eligió dar por cierto que el poder
está dentro de ella."

Lourdes M. Torres

"*Yo tengo el poder para alcanzar todo lo que me proponga en mi vida*"

UTSERE

Utsere eligió dar por cierto que el poder está dentro de ella y que si lo decide puede estar en control de sus creencias, hábitos y posturas. En su mente una y otra vez resonaba: "Yo tengo el poder para alcanzar todo lo que me proponga en mi vida". Continuó analizando que estaba dotada de todo lo necesario para realizar su sueño y que si se presentaba una situación difícil podía ser tan creativa y encontrar la solución.

Se hizo consciente de que es posible para ella alcanzar su sueño, que se lo merece y que tiene la capacidad para lograrlo. Así que decidió creer en ella… en lugar de creer en lo que decían los demás.

«*El universo premia la acción
no la intención*».

Capítulo 5

EL PODER ESTÁ DENTRO DE TI

En un capítulo anterior habíamos hablado de que somos responsables de esta vida, la única vida que tenemos y que puedes o no estar de acuerdo conmigo. Sin embargo, "donde está tu vida y la mía hoy, es el resultado de nuestras decisiones y acciones".

Es nuestra responsabilidad y el reconocerlo nos da un poder enorme, ya que de ser necesario podemos comenzar a hacer cambios tan pronto como cuando lo decidamos. Esos cambios comienzan desde el momento en que reconoces que *"El poder está dentro de ti".* Y, ¿cómo es eso de que el poder está dentro de ti? Sí, el poder está dentro de ti. Fuiste creado por un ser Superior, por el Universo o por Dios, como tú desees llamarlo y esto lo digo con mucho respeto, ya que tú decides como llamar y relacionarte con el Ser Superior.

Este Ser Superior nos ha creado para ser felices y nos ha dotado de la libertad o libre albedrío para decidir qué hacer con nuestras vidas. Dando esta premisa como cierta, entonces es muy válida la pregunta fundamental de este libro, *¿Qué estás haciendo con tu vida, la única vida que tú tienes?* ¿Cómo la has estado administrando? Es importante reflexionar sobre cómo has estado administrando tu vida, no para que comiences a darte latigazos sino para que elijas desde el día de hoy, cómo es que quieres continuar administrándola.

Para poder administrar tu vida con éxito es importante y necesario, adoptar las siguientes creencias: *"Yo puedo lograrlo", "Yo me lo merezco" y "Tengo la capacidad para hacerlo".* De hecho, estás dotado de todo lo necesario, tienes las destrezas, habilidades y todos los recursos necesarios para guiar tu vida hacia donde desees que se encamine. Las habilidades y destrezas están, es importante que las puedas reconocer y las comiences a utilizar para alcanzar lo que deseas en tu vida. Y al final si no tuvieses las destrezas o recursos necesarios, tú puedes ser lo suficientemente creativo o creativa para crear la forma de alcanzar lo que deseas.

Hay que tener cuidado porque en ocasiones dudamos de nuestra capacidad y realmente lo que sucede es que desconocemos cómo hacerlo y nos confundimos pensando que no tenemos la capacidad para hacerlo. Así que la recomendación es que hagas lo que tienes que hacer y si no funciona entonces hazlo de una manera distinta, pero nunca dejes de hacer. Y por último lo merecemos, hemos nacido y desde el momento de nuestra concepción hemos ganado el privilegio de la vida, detente un momento y piénsalo, todos esos miles de espermatozoides y tú ganaste, así que el privilegio de nacer va acompañado con el derecho de ser feliz y para esto es que te han dado tu vida para que la administres y seas feliz. Te lo mereces, tienes la capacidad y puedes lograrlo.

Recuerda que *"El poder está dentro de ti"*, dotado desde siempre y este poder solo se puede ejercer en el presente porque es aquí y ahora donde existe. Es sencillo, donde único podemos construir es en el presente porque no tenemos una máquina del tiempo ni para construir o destruir en el pasado. Por lo tanto, recuerda, tu vida está aquí y ahora y también el poder de construir. ¿De quién depende? Depende únicamente de ti. Nadie puede impedirlo a no ser que tú le des el permiso. Y, ¿cómo se requiere que tú seas para poder utilizar este poder? Se requiere que seas una persona con flexibilidad de comportamiento. Se requiere flexibilidad para poder hacer las cosas de una manera diferente, si reconoces que de la forma en que las estás haciendo no te está dando los resultados deseados, significa entonces que tienes que hacerlas de una manera diferente. Muchas veces en nuestras vidas queremos resultados diferentes sin embargo hacemos las cosas de la misma manera siempre. Albert Einstein decía: "Locura es esperar resultados distintos haciendo lo mismo". Y muchas veces caemos en esta locura, pretendemos que las cosas cambien cuando continuamos haciendo lo mismo y pensando lo mismo. Como lo habíamos dicho antes, "Para que las cosas cambien yo tengo que cambiar primero y para que ocurra este cambio se requiere hacer algo distinto, se requiere flexibilidad de comportamiento y también manejar nuestros pensamientos".

Aprender a manejar nuestros pensamientos es clave para lograr de una manera más sencilla y rápida lo que deseas en tu vida. El cuerpo y la mente se afectan el uno al otro, esto significa que cuando mis pensamientos son positivos todo mi ser vibra desde lo positivo o sea te sientes animado, energizado, en fin te sientes bien.

Sabías que la mayoría de nuestras enfermedades tienen raíces psicológicas, pensamientos negativos, situaciones del pasado sin resolver, situaciones sin perdonar que se van acumulando y crean dolores emocionales que se convierten en dolencias físicas. Por consiguiente, cuando tus pensamientos son negativos todo tu ser vibra desde esta negatividad desde la falta de deseos. Haz un ejercicio y recuerda un momento en donde te sentías desanimado y sin deseos de nada. Recuerda cuáles eran tus pensamientos en ese momento, te sorprenderás seguramente al descubrir que eran pensamientos negativos, pensamientos enfocados en la escasez, pensamientos enfocados en lo que falta.

"Tú estás a cargo de tu mente por lo tanto eres responsable de tus resultados". Tenemos que aprender a seleccionar los pensamientos que permitimos que permanezcan en nuestra mente como la ropa que eliges cada mañana. Para iniciar una batalla es necesario reconocer cual es el enemigo y para iniciar tu batalla contra los pensamientos negativos necesitas

aprender a identificarlos. Los pensamientos negativos son esos pensamientos que insertan en tu vida negatividad, escasez y falta de control, por ejemplo: "Yo no puedo hacerlo". En este ejemplo vemos la falta de control, no esta en mis manos hacerlo, vemos la negatividad al decir que no puedo y la escasez porque al decir que no puedo es que no tengo los recursos para hacerlo. Por el contrario cuando el pensamiento es "Yo puedo", estoy reconociendo que soy capaz, que tengo los recursos y que depende de mí.

Recuerdas que hablamos de los hábitos en un capítulo anterior; también el tener pensamientos negativos o fatalistas se nos puede convertir en un hábito, por esto, es tan importante el poder identificarlos e inmediatamente sustituirlos por pensamientos poderosos que nos ayuden a movernos hacia donde deseamos llegar. Después de todo, si queremos estar programados mentalmente, queremos hacerlo con pensamientos positivos.

Te sugiero que construyas un *mantra*. Un mantra es una frase u oración positiva que te ayuda a enfocarte en lo positivo en tu vida. Permíteme compartir mi mantra contigo:

"Todo está bien en mi mundo, confío y me permito fluir libremente reconociendo que el universo entero conspira para que mis sueños se hagan realidad y pueda vivir una vida en paz, armonía, bienestar, prosperidad, abundancia, salud, amor, dicha y felicidad total".

Utsere

"... lo importante es hacer algo día a día
para alcanzar mi sueño."

*"La mayoría de las enfermedades
tienen raíces psicológicas"..*

UTSERE

Utsere, ya en camino, recordaba y analizaba lo que le había dicho su madre Agima: "el universo premia la acción no la intención". Así que tenía que continuar día a día caminando, aunque se sintiera cansada, lo importante era hacer algo cada día para alcanzar su sueño. Ideó su estrategia donde caminaba durante el día y tomaba algunos momentos de descanso en la noche y continuaba. Siempre se repetía en su mente: "yo puedo", "yo me lo merezco" y "tengo la capacidad".

Lourdes M. Torres

"Expresa lo que deseas en lugar de
expresar aquello que no deseas."

Capítulo 6

TOMANDO ACCIÓN DÍA A DÍA

"**D**e muchas y buenas intenciones está lleno el mundo". De pequeña escuchaba a mi madre decir esto constantemente y ahora de adulta realizo que es importante tener muchas y buenas intenciones. Sin embargo es más importante aún llevar esas muchas y buenas intenciones a la acción. Ya tú has identificado qué quieres y cómo lograrlo, ahora corresponde ponerlo en acción. Este ponerlo en acción puede requerir de ti un esfuerzo consciente en el proceso porque vas a comenzar a hacer algo distinto a lo cual quizás no estás acostumbrado y requiere de ti ejercer la voluntad y alcanzar algunas conquistas. La pregunta es: ¿Cuán importante es para ti alcanzar lo que deseas? ¿Cuánto valor añade a tu vida alcanzar lo que deseas? ¿Es tan importante que estás dispuesto a hacer lo que sea necesario (LQSN) para lograrlo? Obviamente lo que sea necesario siempre dentro de un marco ecológico (que sea bueno para ti, bueno para tus seres queridos y bueno para todos). Y, ¿qué es necesario? Comenzar a hacer las cosas de un modo distinto y reconocer que si es posible en el mundo para otras personas alcanzar balance, alcanzar metas y finalmente ser felices, también para ti es posible, es cuestión de cómo. Dentro de ese "cómo" entran las posibilidades. Y, ¿qué son posibilidades? Podríamos decir que algo que se puede llevar a cabo y tener un resultado favorable.

Se dice que las posibilidades no existen, las posibilidades se crean y solo te corresponde a ti poner a funcionar tu creatividad y comenzar a producir esas posibilidades. Es importante producir todas las posibilidades posibles para así tener de donde escoger y si alguna no funciona moverse a la próxima. Recuerda que tienes el elemento más importante y es crear posibilidades dentro de un marco ecológico.

Para todo existe una estrategia y, ¿qué es una estrategia? Es un conjunto de pasos en un orden lógico para alcanzar lo que deseas. Así que el proceso requiere que puedas establecer tu estrategia personal para alcanzar lo que deseas y… porque digo personal, porque es solo tuya, es de acuerdo con lo que a ti te funciona. Puede ser que alguien más desee alcanzar metas iguales o similares a las tuyas y ese alguien va a establecer su estrategia y probablemente sea distinta a la tuya y le funcione e igualmente te funcione a ti.

Es un trabajo personal descubrir tu estrategia. Lo contrario sería permitir que otro te imponga su estrategia y si esto sucede has perdido el control de tu vida, estás dejando de lado ese poder que radica en tu ser. Y, ¿qué sucede cuando alguien te dice lo que tienes que hacer y cómo tienes que hacerlo? Te resistes y quizás comienzas a cuestionarte, ¿quién es esta persona para decirme a mí lo que tengo que hacer? Así que no voy a hacer nada y entonces esto te alejaría de tus metas.

Como dice Antonio Machado: "Caminante

no hay camino, se hace camino al andar". El enfoque es el camino que decides iniciar hoy, un camino en donde has descubierto la razón de tu existencia y deseas hacerla realidad. Para alcanzar esto es necesario todos los días hacer algo por poco o pequeño que te parezca, recuerda es necesario diariamente ir construyendo tus deseos. Es como si decidieras correr diariamente una milla y decides no correr hoy porque solo puedes correr media milla, al final, ¿qué es mejor correr media milla o no correr nada? Hay que superar la tentación de todo o nada.

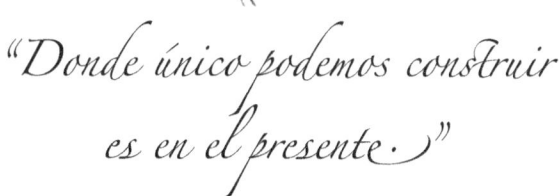

"Donde único podemos construir es en el presente."

Se requiere en este proceso de hacer también ser, ser una persona flexible. Ya hemos hablado de este poder de adaptarse a las diversas circunstancias que se nos presentan en el diario vivir, y de poder hacer las cosas de una manera distinta si descubro que como las estoy haciendo no me resulta. ¿Alguna vez te has encontrado en una situación donde contínuamente haces lo mismo y esperas resultados distintos? Esto se llama locura porque para obtener resultados distintos se requiere hacer algo distinto. En este proceso de vivir desde la misión de tu vida se requiere ser una persona de posibilidades, ser una persona flexible, ser una persona positiva y consistente para poder hacer lo que sea necesario dentro de un marco ecológico y así convertirte en ese ser humano que se requiere para vivir intensamente tu propósito de vida.

"Para nada podemos continuar en el viejo camino de hábitos, creencias y pensamientos negativos que nos detienen... si queremos vivir desde la misión de nuestras vidas es necesario comenzar a ser y hacer cosas distintas para así obtener lo que deseo en mi vida".

"El poder está dentro de ti, dotado desde siempre, te corresponde a ti y solo a ti retomarlo."

Lourdes M. Torres

"*Locura es esperar resultados distintos haciendo lo mismo.*"

-ALBERT EINSTEIN-

Utsere

---

*"...tengo que hacer un alto
para reinventarme."*

«El no puedo o no tengo cierra las posibilidades.»

UTSERE

Utsere ya estaba agotada, se sentía muy débil y ya no le quedaban fuerzas para continuar. Ella sí estaba muy consciente de su sueño y realmente deseaba con todo su corazón alcanzarlo. Sin embargo, reconoció que tenía que hacer un alto para poder reinventarse y llenarse de fuerzas para continuar. Con las fuerzas que le quedaban decidió construir un lugar para pasar la noche. Sus últimas palabras fueron: "estaré bien".

"Para todo existe una estrategia."

Lourdes M. Torres

"En silencio agradeces lo que eres
y todo lo que tienes."

Capítulo 7

ME REINVENTO DÍA A DÍA

é que el camino que has iniciado es un camino que traerá muchas bendiciones y satisfacciones a tu vida. Hay dos formas de ver, escuchar, oler, gustar y sentir este proceso; una es donde esperas disfrutar de todo lo alcanzado al final del viaje y la otra es donde te disfrutas cada paso que vas dando día a día durante todo el viaje. ¿Cómo prefieres vivirlo tú? En mi carácter personal prefiero vivirlo y disfrutarlo día a día, recordando que el momento presente es el mejor momento porque es el único que existe.

Como vas a estar estableciendo tu estrategia y esto conlleva exhibir nuevos hábitos, creencias, pensamientos y acciones, en el proceso es bueno e indispensable que te vayas recargando o reinventando día a día. Esto con el propósito de que puedas mantenerte enfocado en tus metas por alcanzar.

Si me permites, deseo compartir contigo alguna de las estrategias que utilizo para mantenerme en el camino para cumplir día a día con la misión de mi vida.

Puedes comenzar tu día haciendo el ABC. Puedes tener un momento de conversación silenciosa en donde A, agradeces todo lo que eres y todo lo que tienes. La B significa bendecir. Puedes bendecir todo lo que eres y tienes; desde tu existencia, la de tus seres queridos, los alimentos, las palabras, las personas con las cuales vas a interactuar… en fin lo que tú desees. La maravilla de bendecir es que todo esta bien aspectado porque fue bendecido por ti de antemano. Así que por más difícil que sea la situación, ya ha sido bendecida y eso nos fortalece. La C es de comprometerte a vivir el día como tú elijas vivirlo, es una afirmación, un decreto que te ayuda a ver todo lo que sucede en tu día desde ella. Al hacer esto, enmarcas tu día y todo lo que suceda en el mismo desde el agradecimiento, la bendición y tu gran deseo de vivirlo como tú decidas. Cuando la semilla de lo positivo está presente, por más difícil que sea lo que sucede, ya tienes una plataforma de apoyo para trabajarlo y créeme que esa es la diferencia que hace la diferencia.

Recuerdas que en un inicio hablamos de lo

que es el ser humano integral (cuerpo, mente y espíritu), cada una de estas dimensiones de tu ser deben de ser cuidadas diariamente también; puedes hacer ejercicios, tener una dieta balanceada y mantenerte monitoreando tu salud regularmente. El hacer ejercicio físico te ayuda a mantener un estado de ánimo adecuado, estar alerta y con más energías, en general te dará una sensación de bienestar físico espectacular.

Para trabajar el área mental y emocional es importante escoger los pensamientos que permites en tu diálogo interno, ya que lo que piensas afecta directamente tu cuerpo y por consiguiente va a afectar tu estado de ánimo. Muy importante también cuidar las palabras que utilizas para contigo, porque con la palabra no solo describes sino que también creas.

Es importante que hables en positivo y expreses los mensajes que quieres transmitir. Por ejemplo en lugar de decir: "No quiero estar triste" puedes decir "Quiero estar alegre". Es importante que comiences a expresar justo lo que deseas en lugar de expresar aquello que no deseas. En lugar de decir "No puedo" puedes añadir la palabra aún. Recuerda que el pensamiento organiza las ideas. Por esto es mejor decir aún cuando sientas o pienses que no puedes. Ejemplo: en lugar de decir "No tengo la respuesta" puedes decir "No tengo la respuesta aún" El aún establece que es posible en algún momento. El no puedo o no tengo cierra las posibilidades.

También es importante que cambies la palabra "pero" por: "en vez de", "además", "y", "sumado a", esto permite la posibilidad de otras ideas. Cuando utilizamos el "pero", inmediatamente descalifico lo que dije anteriormente. Utiliza "cuando" en lugar de "si". Esto permite abrirte a las posibilidades de que algo suceda. Ejemplo: "Cuando tenga mi profesión..."

El área espiritual es bueno cultivarla con el proceso de ser paz en tu día a día y tratar al prójimo como tú quieres ser tratado porque dar y recibir es lo mismo. Recuerda repetir tu mantra diariamente y cuando sientas que necesitas conectar nuevamente contigo.

La naturaleza está llena de energía positiva pues todo lo que hay en ella es vida. Para reenergizarte puedes tocar un árbol, concéntrate y pídele que tome todas tus situaciones y preocupaciones y las llene con sus energías, que te regale de su sabiduría. Los árboles pueden tener cientos de años y han sido testigos de muchas cosas, así que conectamos con ellos para que nos regalen de su fortaleza y nos podamos constituir en troncos fuertes.

En resumen, mantente conectado a la fuente, conecta contigo día a día y mantente enfocado en lo que es la misión de tu vida, disfruta el camino hacia el logro de la misma, y recuerda ser feliz en cada momento de tu vida, esta vida, que es la única que tienes.

"En ocasiones estamos buscando los diamantes y las riquezas fuera de nuestro ser y nunca las encontramos, porque no podemos encontrar afuera lo que tenemos adentro".

Utsere

"...tienes codificado dentro de tu ser todo lo necesario para vivir tu vida con intensidad, propósito y pasión."

"*Bendice todo lo que eres
y todo lo que tienes.*"

UTSERE

Los animales del bosque pensaban que Utsere había muerto y comentaban: "Ahí está esa loca oruga que murió en el intento de alcanzar un sueño". Y así pasaban los días y los demás animales recordaban a Utsere con mucha tristeza. Hasta que un buen día cuando el sol más brillaba, de aquella bolsita donde estaba Utsere comenzaron a salir unas hermosas alas de colores, y todos se preguntaban que era eso, hasta que salió transformada en una hermosa mariposa. Todos asombrados no decían ni una sola palabra, ya todos sabían lo que haría Utsere, y efectivamente, abrió sus hermosas alas color arcoiris y continuo el viaje hacia aquella montaña donde había soñado que estaría un día contemplando toda la ciudad.

¿Sabes qué? Utsere eres tú. Tu vida, la única vida que tienes, está en tus manos y tú eliges descubrir la misión de esta y llevarla a felicidad. Tu proceso de metamorfosis, tu proceso de transformación demuestra que tienes codificado en tu ser todo lo necesario para vivir tu vida con intensidad, propósito y pasión.

¿Qué estás haciendo con tu vida?

¡Atrévete y lánzate a vivir la vida que siempre has soñado!

Recuerda: solo depende de ti.

¿Qué esperas?

SOBRE LA AUTORA

*L*ourdes M. Torres Delgado es conferenciante motivacional y *Neurocoach*. Es socia y fundadora de la compañía *Integral Coaching* en Puerto Rico, donde entrena y certifica en *Neurocoaching* (Coaching y Programación Neurolingüística)

Es la primera mujer *Trainer en Programación Neurolingüística* en Puerto Rico. Es co-fundadora de la *International Association of Coaching and NLP* (IACNLP). También es *Coach de Vida* con basta experiencia en *Neurocoaching Individual y Empresarial*.

Lourdes M. Torres

Desde el 1996 ejerce la profesión de Trabajadora Social. Además, posee una Maestría en Trabajo Social Clínico de la Universidad Interamericana de Puerto Rico (2000). Fue Profesora en el Programa de Trabajo Social de la Universidad del Turabo hasta el año 2009. Ejerce su práctica privada en el *Centro de Ayuda Psicoterapéutica al Individuo y la Familia* (CAPIFAM) en Cidra, Puerto Rico, del cual es fundadora.

Su misión:

Transformar al mundo una persona a la vez.

Su pasión:

Tocar vidas para bien.

Su lema:

Todo comienza contigo.

Lourdes Torres

¿Qué estás haciendo con tu vida?

Esta edición está disponible en formato electrónico / eBook y en formato impreso / papel. Para comunicarse con la autora, puede escribir a:

lmt.integralcoaching@gmail.com